まさか！わが子が不登校

母と息子の泣き笑い詞画集

廣中タエ＝著

高文研

はじめに

宇宙規模でいこう。

「不登校」なんて悩むほどのことはないのだ――と思うのに、学校に行かないわが子を目の前にすると、なぜかためいきなどついて深刻になっている自分がいました。

学校がすべてではないと、頭ではわかっているのです。

わかっているつもりなのに、学校信仰というやつから抜け出すことはなかなか難しく、ずいぶん長いあいだ、もがき続け、しんどい思いを重ねてきました。

気がつけば、たくさんの「こうあるべき」にしばられていたかつての私に比べると、ずいぶんお気楽なかあちゃんになってきたのは確かなようです。

自分自身の価値観でものごとを考えることができるようになった……から……かな。子どもたちが自然体で生きているのに、母だけ肩肘張って力んでいても意味ありませんもんね。

がんばるのが好きな人はがんばって。

勝つことが好きな人は勝ってちょうだい。

のんびりが好きな人はのんびりいけばいいし。

みんなといっしょがいい人はそうすればいいし、
ひとりが好きな人はそれはそれでいい。

わが子の不登校をきっかけに、この六年間、いろいろいろいろいろいろいろいろいろいろいろいろ、ほんとにいろいろなことが起こり、そのたびに泣いたり笑ったり怒ったり、刺激いっぱいの日々を過ごしてきました。

くるくる変わる自分の心をもてあまし、ぐちゃぐちゃの精神状態のまま、それでも何か書いていれば救われるような気がして、わきあがる思いをそのまま書き続けてきました。

折々のこころもようを時の流れの順に綴ったのがこの本です。

詩と絵は息子です。

ねそべってポテトチップスでもつまみながら、

「へ〜え、こんな人もいるんだ」

と、あきれたり笑ったりしながら読んでいただければうれしいです。

そうして、少しの安心と元気を受け取っていただけたら、もっとうれしいです。

❖もくじ

カバー・本文イラスト、マンガ＝廣中 孝祐
装丁＝商業デザインセンター・松田 礼一

がんじがらめ

先生の子どもは勉強ができなければならない。あたりまえ。
女は控え目でおしとやかでなければならない。でしゃばるな。
嫁は従順でなければならない。口答えするな。
妻は夫を慕い、奉《たてまつ》らなければならない。ひたすらたてろ。
母はやさしく、強くあらねばならない。孟母三遷《もうぼさんせん》。

(もちろん、学校は行かなければならない。)

なんだかおかしいなと感じ始めたときは、三十五歳になっていました。

「私はロボットじゃな〜い!」

と、泣きわめきながらよく叫んでいました。

ずっと「親のため」「だんなさまのため」「子どものため」の私であったことにやっと気づいたのです。

けれども、気づいたところでそれまでの価値観や、毎日の生活ががらりと変わるはずもなく、心の中にドヨンと澱《おり》を抱えたまま、体の不調と隣り合わせの苦しみを味わっていました。

じゃあ、かあちゃん、おれたちが教えてあげよう。
かあちゃんが何に縛《しば》られ、何をそんなに苦しんでいるのか。

子どもたちの不登校は、
私が三十八歳になったばかりの冬、
始まりました。

最初はこんなぐあい

それは、何のまえぶれもなくやってきました。

中学二年の三学期、息子は月・火・水と学校を休み、木・金・土は登校するというパターンを繰り返しました。

不安なばかりの私は、

「なんで学校に行かんの攻撃」を容赦《ようしゃ》なく毎日のように浴びせかけていましたが、息子の答えは、いつも「わからん」……の一言でした。

「なにかわけがあるから行かんのやろ！　原因は何？」

その朝も問い詰めていました。

すると、黙って壁に手をつき、うつむいて立っていた息子の目から涙がこぼれ落ちたのです。

ぽたっ……

畳の上に落ちたあの涙の音は忘れることができません。

それでも私は、まだ自分だけのつらさと付き合うのに精一杯で、息子の気持ちを推《お》し量《はか》ることなどできませんでした。

「おかんは人に冷たいときがある」

ずっと後になってから、息子にそう言われました。

やばい。

あいつ、しっかり覚えてるんだ。

爆発

「今日も学校に行かないのか」

と、そういう朝を繰り返し迎えることにくたびれ果て、たえきれなくなった私は、ある朝、とうとう爆発してしまいました。

「もう、学校なんか行かんでもええ！」

涙と鼻水だらけの顔で泣き叫びながら、息子にそんな言葉をぶつけていました。

とうちゃんは、落ち着いた声で息子に言いました。

「母さんはこのままだとおまえを殺すか、自分が命を落とすか、どっちかだぞ」

息子は、

「全部ぼくが悪いんよぉ！」

と、叫び、畳に突っ伏してワアワア泣き始めました。

今思うと、死ぬや生きるやとなにをおおげさにと笑ってしまうのですが、そのときの私は、命をかけて息子を「立ち直らせよう」と、必死でした。

「立ち直らせる」って何を？　ということにもなるのですけれどね。

というより、つらくてつらくて自分が楽になりたい一心だったのかな？

…………つまらん母親です。ははっ。

無題

こうすけ

空に雲がいっぱい
黒くて大きい
どこまでもあるはずの空は
狭い鉄柵に変わる
空は涙を流す
そこから出られない僕らへの涙

梅雨はもうすぐ終わる
僕の中の梅雨は
いつまで続くのだろう
この柵を出たとき
そこには何があるのだろう

希望さえ持てない暗闇の中
狭いはずの鉄柵は

どこまでも出口のない鉄柵
広いはずの鉄柵は
身動きのできないほどの狭い鉄柵

信じていたはずの太陽の光を
いつからかあきらめていた
それを信じることを
いつのまにか恥ずかしいと思っていた

出口はある
目の前に
すぐそこに
今はまだ手探りのとき

かんちがい

泣きわめく母に恐れをなして、息子はいったん学校に戻りました。
このときの私は、「勘違い」のかたまりです。
やった！（……と、思ってしまった。泣いたら行ったぞ。）
親子が真正面から向き合ってボロボロになりながら戦ったからだ！
（勘違いも甚《はなは》だしい。）
私は充実感さえ覚えていました。（……つける薬がない。）
前に進め、前に進めとばかり、子どもの背中を押してやることばかり考えていました。
頭の中には「わがまま」「甘え」「根性なし」といった単語が並んでいましたものね。
わが子が不登校なんてそんなはずない。
親が必死になれば、学校に行くはずだ。
こんな子じゃなかった。

そんなことしか考えていない母の手にドンと背中を押されて、息子は、つんのめりながら学校に戻ったのです。

「母さん、泣くからなぁ。それに、自分の夢を実現するために勉強もしとかんといけんし」

と、親のため、自分の将来のため、学校に行くのだと言っていました。

「まっ、母さん、がんばって。親を鍛《きた》えてあげているんだから」

とも言っていました。（あなたは正しい。……確かに鍛えられたぜ。）

結局、息子は不登校になった自分と向き合うことなく、自分に何が起こったのかを考える時間もないまま、消化不良の状態で登校を再開したのだと、今になれば、そういうことが私にも分かります。

私が、ギャーギャー言ってじゃましたのだよん。

大いなる勘違いがあればこそ、後で真実が見えてくることもある………かな？

茶髪

息子が中学三年の夏休み。

「茶髪にしたい」と、のたもうたのです。

きたな、と思いました。すぐに行きつけの美容院へ連れて行き、

「一カ月で色が落ちるやつにしてください」

と、頼みました。それには、オレンジのヘアマニキュアとかいうのがよろしいということになって、彼は比較的やさしい色合いの茶髪少年となりました。

「きゃっ。ジャニーズ系じゃん」と、やったぜ気分で母と子は喜んだのです。

ところが、ここで変な父親登場。

茶色い髪とマニキュアが嫌いなはずの男です。

「どしたんな、その中途半端な色は！　どうせ染めるなら徹底的にせんかい！」

と、けしかけたのです。すぐのる息子ありき。

どら息子は友だちにスプレー式の髪染めを借りて、前髪を金茶色に染めてしまったのです。夏休みの登校日では、案の定、先生たちからしぼりあげられたようです。

「髪の色を変えただけで先生たちがぼくのことを、『そんな子じゃ思わんかった。みそこなった』みたいなことを言う」

と、驚いていました。

私はといえば、「学校に行かない」ことにはあれだけ過剰に反応したのに、「茶髪」に関しては余裕で息子と付き合っていました。

高校に入ってからも、息子の髪は茶色や黄色や青やいろんな色に染まりましたが、私はちっとも気にならず、むしろ一緒に楽しんでいるようなところがありました。

その彼も、十八歳になったころ、

「なんか薄くなってきたみたいだ」

と、つぶやいてからは黒いまんまです。

じいちゃんも、ひいじいちゃんも禿げていたし。

つまり、学校に行かないことも、私が初めからあっさり受け止めていたら、「不登校」もなんてことなかったのかもしれません。

（二十歳の彼は黄色い頭をしている。てっぺんが黒く、プリンのようだ。）

さあ、本番だ

娘が中学二年の秋のことです。

「学校行きたくないなあ」

と、言ったきり玄関に座り込み、動けなくなってしまいました。

一時間近く涙を流しながら、まるで根が生えたように座っていました。

自転車には、きちんと鞄がくくり付けられていて、行こうとしているのに行けないんだというのが分かりました。痛々しすぎてかけることばもなく、ながめている私も一緒になって泣いてしまいました。

とはいうものの、なにがあっても学校は行くべきところだとギンギンに信じきっていた私です。そのうえ、長男を学校に戻すのに成功したと思っていたものですから「おおいなる勘違い」をしたまま、とりかえしのつかない大失態を演じ続けることになったのです。

息子と真正面から向き合い、とことん戦って不登校を乗り越えたと思いこんでいたのですから、始末におえません。

やりました。

娘にも。


ギャアギャア騒ぎまくりました。

かあちゃんがここまで苦しんでいるのに、あんたは学校に行かんのか。


忘れもしない、修学旅行の説明会のあった日です。

娘は修学旅行も行きたくないと言っていましたが、私は説明会に出ました。体育館に集まった親子はみんなうきうきと楽しそうでした。

わきおこる笑い声。……どこか別の世界。……虚《うつ》ろ。


涙が止まらなくなって、途中で抜けて帰りました。


廊下の傷跡は私がつけました。

ドアに穴を開けたのも私です。

なぜ修学旅行に行ってほしかったか

わが子が修学旅行に行かないなんて、天と地がひっくり返るような出来事でした。

身も世もないまでに嘆き悲しむ私に、娘は、

「じゃあ、私はどうすればいいの？」

と、言いました。

「行けばいいんよ！」

と、叫びつつ、ふと、我に返ったのです。

「なんで、こんなに大騒ぎして修学旅行てなもんに行かせたいんだろう」

冷静になって考えてみました。

そうしたら、意外な答えが………

その一……娘と楽しく旅行用品を買いに出かけたかった。

たわいない話をしながらパンティーなど親子で選びたかった。

その二……「今日は戻ってくるねぇ」とか言いながら、夜の八時が来るのを時計

を何度も見ながら待ち、学校まで迎えに行く。真っ暗な中、観光バスのライトが坂を上がってくる。「帰って来た。帰って来た」と、親がどよめいているところを、子どもたちが、ちょっぴり疲れたような、でも安心したような顔でクラス別にバスから降りてくる。

私はこの「お迎えの雰囲気が好き」であった。

なぁんだぁ。
自分の楽しみのためだったのかぁ。

修学旅行に行かなくても、娘は大きくなりましたし、何も問題はありませんでした。そんなこと、あたりまえなのにね。

家族

学校に行かない子が家の中にいることで、家族の者はそれぞれに心配し、気を遣《つか》い、ストレスを溜《た》めていきます。

やがて、自分のキャパがいっぱいになった者から、崩れていきます。

うちの場合は、もちろん、この母さんからグシャグシャになっていきます。

それぞれの気持ちに余裕のあるときは、

「やれやれ、また、かあちゃんのヒスだ。逃げ失せよう」

で、すむのですが、時にそれではすまない日もあります。

言いたいことを言って、傷付け合ったり、物を投げたり壊したり（おもに私）、涙ながらに叫んだり、どなったり……（おもに私）
「おい、みんな、すわれ！」
と、とうちゃんがみんなを集めて、何が何だかわからない家族会議じみたことをして、なだめたこともありました。

「家族崩壊だぁ！」

「こんだけの家族でしかなかったんか!」
まっ、あの晩が一番ひどかったかも。
ふだんはふつ~うのおもろい五人家族なんだけど。
でも、家族にとって、この修《しゅ》羅《ら》場《ば》こそ雨降って
地固まるってやつでっせ。
あの夜、息子が吠えるように言ったことばは
忘れられません。
「オレ、この家族、けっこう、
気にいってるんだよぉ!」

時には親が
時には子どもが
「家族なべ」の調味料
味はできてのお楽しみ

正義

クラスでいじめを受けている子の机は、掃除時間に後ろに運ばれることなく、ぽつんと一つ残っているのだといいます。
汚いから、だれも触《さわ》らないのだそうです。

娘たちから聞かされたときはびっくりしました。

上の娘は、そのいじめられている子と小学校がいっしょだったこともあり、見かねて机を運びました。すると、「いい子じゃね」と、言われたそうです。長女は言い返せない子です。
下の娘のクラスにも同じ状況があり、この娘も運んだらしく、はたして同じ声かけがあったそうです。「いい子じゃね」……末っ子は、言い返しています。
「あんたもやれば」と。

昔と違うなと思ったのは、周囲の子どもたちの関わり方です。

私たちの子どものころは、一部のいじめっ子に対し、何人かの正義を説く助っ人がクラスに必ず存在していました。机が一つ置き去りにされるなんてなかったように思います。

「きたない」と仲間外れにされている子はいましたが、正義のグループが存在し、助け船を出していました。男女ともに各クラスにそれは存在していました。

仲間外れになった子を一時的に自分たちのグループに入れ、羽を休ませてあげると、いつのまにかその子は元の仲間のところにもどって、また何ごともなかったようにいっしょに遊んでいました。

正義が正義として堂々と存在していました。

親の会

わが子がまさかの不登校児になったかもしれないと感じ始めたとき……
「学校に行かん。どうしてやろか」
だれかれなく相談していました。
「藁《わら》をもつかみたい」気持ちでした。

不思議だったのは、同じ立場の母親が自然に集まり始めたことです。

泣きたい人はティッシュ、飲みたい人は酒、食べたい人は家にころがっているお菓子など……持ってくる……という片肘張らない雰囲気の会がもう五年続いています。

定例会もなく、だれかが集まろうと言ったときが集まりどき。

テーマは気楽。

人がしゃべっているのを聞いていると、自分が見えてきます。
よその子どもさんのようすを聞いていると、わが子が見えてきます。
人にしゃべっていると、気持ちの整理がつくように思います。

ただ、それだけでいいようです。

母が一番に元気になろう

今は、「学校」のことより「元気」になることを考えましょう。

何かの本で読んだのですが、「元気」は「うんこ」といっしょで、無理に出そうとすればするほど出ないそうです。

では、どうすれば無理なく「うんこ」は出るのか……。

………うんこやおならの話、好きだなぁ。んふんふ。

おいしいものをガバガバ食って、時には好きなだけガーガー眠って、おもしろいこと探してガハガハ笑っていたら、「うんこ」も出そうな気がしてきます。

どうすれば笑顔がふえて元気が出るか……

今は、それを考えたほうがいいみたい………。

私は、今

おっとり　やさしい
ほわほわのお母さんになりたい。

と、つぶやいたら
死ぬまで無理やろと
子どもたちに　言われてしもうた。

もっと
がんばったら

起こすのをやめる

今日も行かないと分かっているのに
「七時よ」
と、声をかけたい。

起きてほしい。
でも起きない。
時にどなる。「きょうも行かんの！！」
時に壁にあたる。「もうっ」
時にドンドン階段を降りる。「休むんじゃなっ！」

毒づく。
なさけない！　どうするつもりだろう！

…………

母親にこんな態度をとられるときの子どもの気持ちは、誰が考えてみても「つらいだろうな」と、容易に想像がつきます。わかっていてもなかなか止められなかった私ですが、心の疲れがレントゲンに撮れるとして、その真っ白な影を見ても、毎朝、「学校に行きなさい」と起こすのかなと考えたら、これはやっぱり自分が鬼のような母をしているな、と気付いたわけです。

「階段を上がってくる母さんの足音に、殺されるって怯《おび》えていた」と、ずっと後になって、娘が教えてくれました。

私は、娘が手首を切っていないか、首をつっていないか、怯えながら階段を上がっていたのに………です。

休養をじゅうぶんとった後には、必ず、子どもは自分で動き始めます。

朝は自分で起きるようになります。

それまで、いくら昼夜逆転の生活をしていてもです。

いろいろやってみて、そう思います。

しんどかったです。

暴れて泣いて、母、少し落ち着く

母が落ち着いてきたから子どもが元気になったのか、
それとも、子どもが元気になってきたから母が落ち着いたのか、
そのどちらなのかは分かりませんが、
学校に行かなくなって四カ月後、
ようやく娘と私に笑顔が戻り始めました。

「何で学校に行かれんようになったんだと思う?」

と、たずねることもできるほどの雰囲気になってきたのです。

娘は少し考えて、

「う〜ん。自分を今までと変えてみたかった。あたりまえと思ってしていたことの一つ一つが何だかおかしいと思い始めた。

不登校は友だちのせいでもなく、親や先生のせいでもなく、ただ自分自身の中で起こっていること」

と、答えてくれました。

娘は、自分自身のことをゆっくり見つめ直していました。

——背中をおされて
おしりをたたかれて、
走りまわってつかれたよ。
ちょっと、きゅうけい……。

——お！ いい天気だな。
そろそろ行っこうかな。

登校拒否

こうすけ

今まで　ずっと　前だけ　見ながら　生きてきたよね

すぐ前に　大きな壁がある
登るだけが　方法じゃない
もと来た道を　ひき返してみよう
それは　けっして　いけないことじゃない
逃げ出すのだって　いい方法さ

まわりの人は　言うだろう
「僕らは登った。君も　登るべきだ」
こうも言うだろう
「そんなの逃げてるだけで　解決できないよ」

ちがうんだ
自分は　人とは違う

それを　登れる人もいれば　どうしようもない人もいる

いいから　ひき返してみなって
逃げてみなって
そして　もう　いいかなって思ったら
ふりかえってごらん

壁が　小さくなった
新しい道が　できた
世界が　できた
前に進むばかりの人には　見えない　新しい世界が　できた

もう　だいじょうぶだ
きみは　進むことができる
いけないのは　あきらめること

つまり　自殺
もっと　もっと　あがこうよ
どんなに　ひき返しても　一度は通った道なんだ
近道だって　見つかるし
もっと　いい道だって　見つけられる

前ばかり見て　ずっと　進んで　息切れしてるヤツらを
涼しい顔して　追い抜こうぜ
ヤツらに　負けるなんて　クヤしいぜ

あきらめちゃ　いけない
進め
ひき返せ
そして　進め

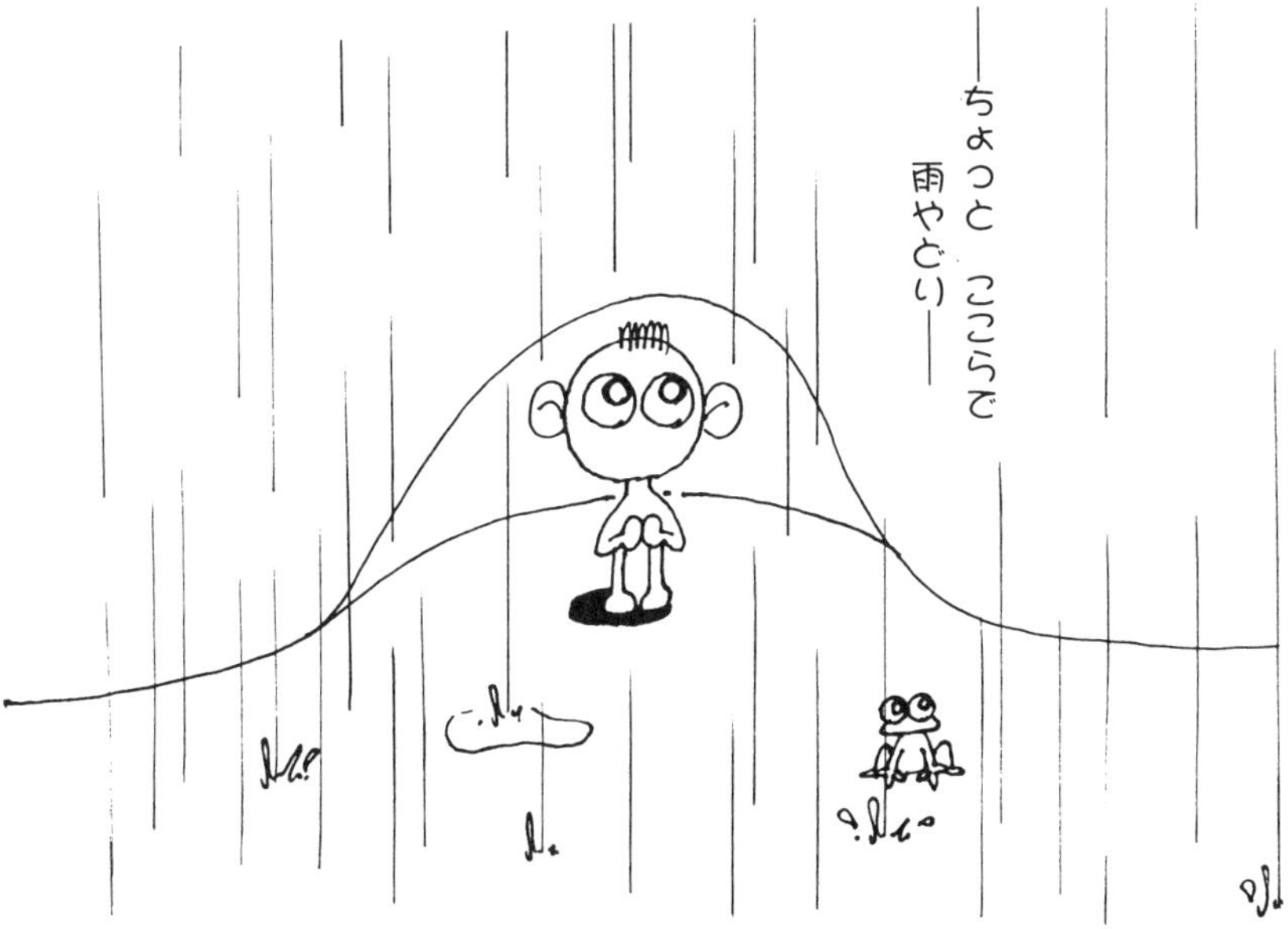
—ちょっと ここらで
雨やどり—

自分のこと。
人のこと。

by
孝すけ.

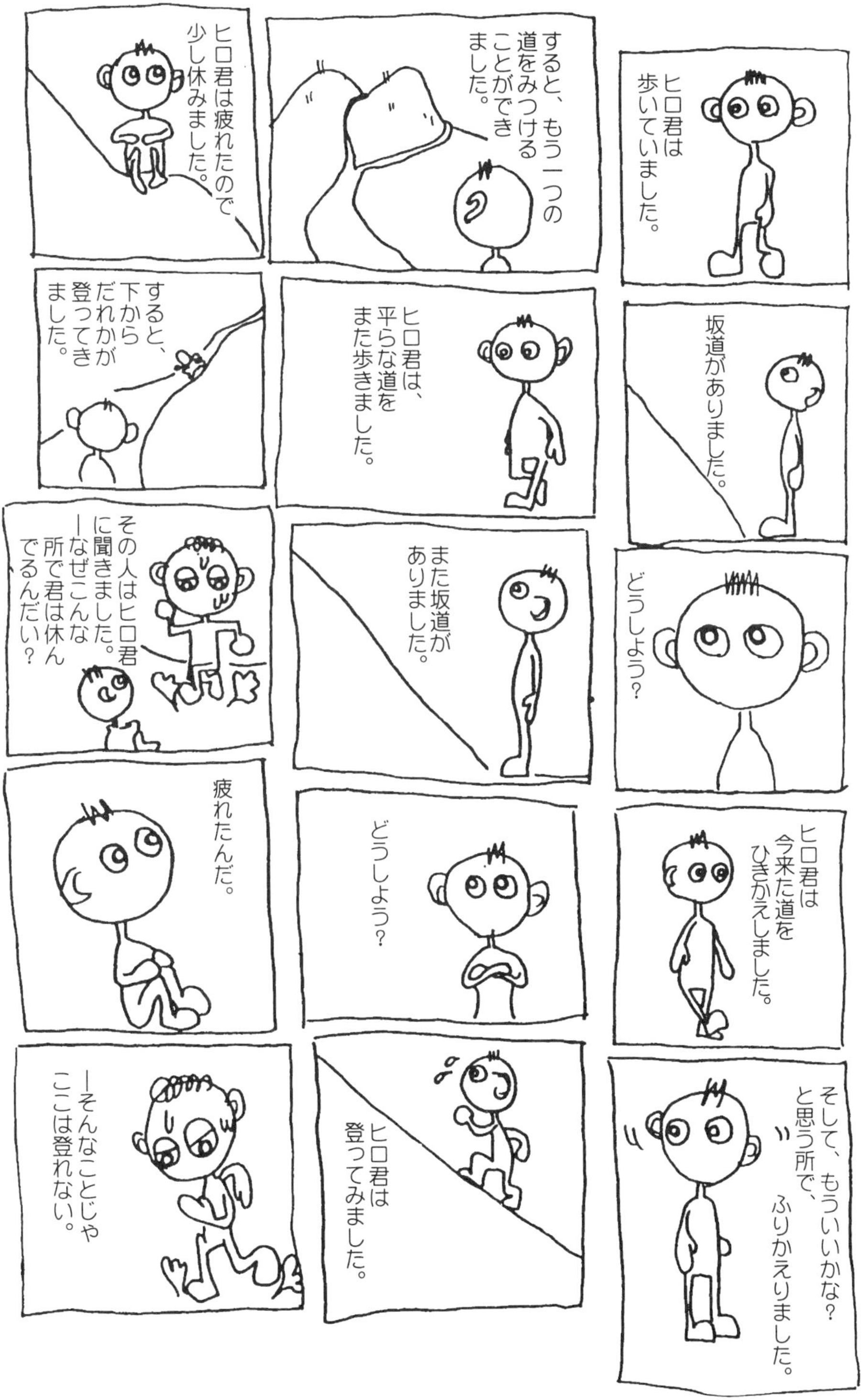
ヒロ君は歩いていました。
坂道がありました。
どうしよう?
ヒロ君は今来た道をひきかえしました。
そして、もういいかな?と思う所で、ふりかえりました。
すると、もう一つの道をみつけることができました。
ヒロ君は、平らな道をまた歩きました。
また坂道がありました。
どうしよう?
ヒロ君は登ってみました。
ヒロ君は疲れたので少し休みました。
すると、下からだれかが登ってきました。
その人はヒロ君に聞きました。
―なぜこんな所で君は休んでるんだい?
疲れたんだ。
―そんなことじゃここは登れない。

—ここは僕みたいな体力のある人だけが登る所なんだ。

ヒロ君は言いました。—うん。でも、行ける所まで、行ってみる。

—ま、頑張って。そう言って、その人は行ってしまいました。

ヒロ君は思いました。—あの人は疲れないのかな？ あんなに頑張って？

少し元気が出たのでまた登り始めました。一歩一歩。

ヒロ君は、花を見つけました。—キレイだな。と思いました。

ヒロ君は、鳥を見つけました。鳴き声を聞きました。—美しい声だなあ、と思いました。

ヒロ君は、空を見ました。—広いな。いいなと思いました。

何回も休んで、何回も歩いて、やっと頂上につきました。

すると、ずっと前に登っていた人が疲れはてて、倒れていました。

—お疲れさま ヒロ君はそう言いました。

二人とも、そのうち、話し始めました。

—花があったね。キレイだったね。

—そんなの見てないよ。

—でも鳥の鳴き声がとっても美しかったね。

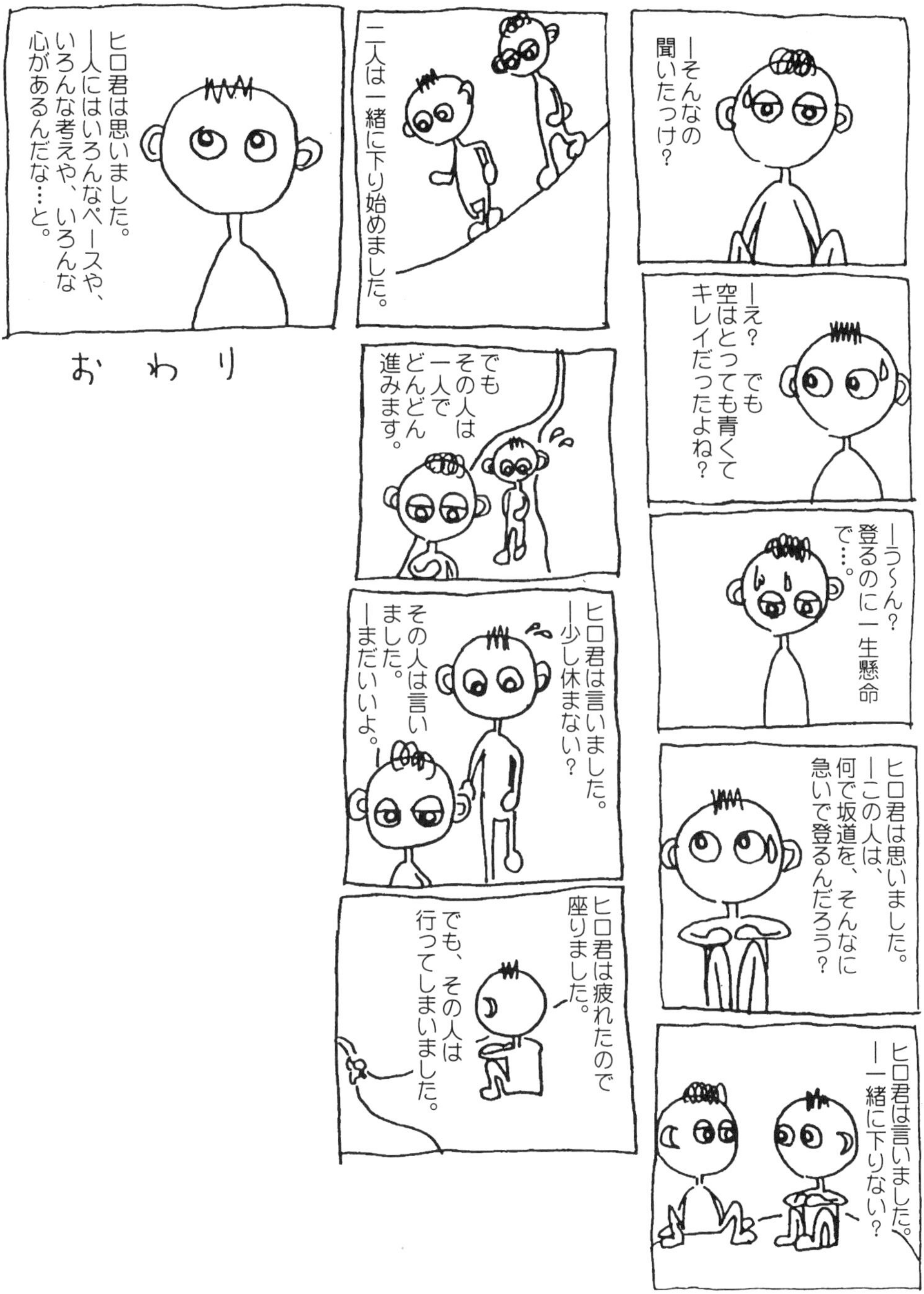
ーそんなの聞いたっけ？

ーえ？　でも空はとっても青くてキレイだったよね？

ーう～ん？登るのに一生懸命で…。

ヒロ君は思いました。ーこの人は、何で坂道を、そんなに急いで登るんだろう？

ヒロ君は言いました。ー一緒に下りない？

二人は一緒に下り始めました。

でもその人は一人でどんどん進みます。

ヒロ君は言いました。ー少し休まない？

その人は言いました。ーまだいいよ。

ヒロ君は疲れたので座りました。

でも、その人は行ってしまいました。

ヒロ君は思いました。ー人にはいろんなペースや、いろんな考えや、いろんな心があるんだな…と。

おわり

不安定

春爛漫《らんまん》。

娘たちの卒業した小学校の吹奏楽の演奏を聴く機会がありました。ますますレベルアップした演奏はそれだけで感動ものでしたが、

「うちの子も一生懸命吹いてたなぁ」

と、思ってしまったのですね。続いて思ったのが、これ……

「あのころは、ばら色の中学生生活が待っていると信じて疑わなかったよなぁ」

……ここらへんで、もう涙は出ていたのですが、

「どうして中学校になってから学校に行かれんようになったんじゃろう」

こう思った瞬間、涙、涙、涙………ついに、声をあげて泣きそうになった（嗚咽《おえつ》ですね）…ので、走って外に出ました。

そこにいた知り合いの一人は、黙って私の頭を自分の胸に抱き寄せてくれました。

もう一人は、

「なんでもかんでも娘のことにつなげてしまうんじゃなぁ。なぁに、長い人生の一年や二年、どう過ごしたってたいしたことじゃないよ」

と、言って慰めてくれました。

たくさんの人に甘えながら、力づけてもらいながら、でも、どうしようもなく弱気になる日もあります。
人から「感受性が強すぎる」と言われ、「感じないよりましだよ」と悪態をつきながら、ひどく傷付いている自分の姿を、学校に行けない娘の姿と重ね合わせてしまうのです。

春爛漫。
私の心は不安定。

原因さがし

なぜ学校に行けないのか……
原因探しを始めると蟻地獄《ありじごく》にはまり込むことになります。

育て方が悪かったのか
先生が悪いのか
友だちが悪いのか
本人の性格のせいなのか
はたまた世の中が悪いのか

すべてといえばすべてです。

育て方に問題があったのではないかと、ずいぶん自分を責めた時期もありました。
先生や周りの子どもさんを恨んだり憎んだりしたこともあります。
わが子に対し、しっかりしてよと思ったこともあります。
世の中がこんなだからと、無理に納得してみようとしたこともあります。

でも、もういいのです。
自分を見つめ直し、反省すべきことを反省した後はもういいのです。
ただ一つ、はっきりわかっていることは、わが子が学校に行けないほど心身共にくたびれ果てて目の前にいるという事実だけです。

原因探しに明け暮れているうちは、きっと怖い顔をしているはずです。

救えるのは
やっぱり
かあちゃんの笑顔でしょう。

原因探しより大切なのは子どもの命です。
生んだからには責任もって守ろうぜ。

母であればいい

げこげこと鳴く蛙の声も、こちらの気分によっては、かわいかったりうるさかったり……。

学校に行けない子とつきあう日々も、

「なんてことないや。私の人生、波瀾万丈《はらんばんじょう》、けっこう気に入ってる」と思う日もあれば、

「もうダメ！　しんどい。あいつが悪い。こいつも悪い。なんで私ばっかりこんな思いするんだろう」

と、あせり、わめき、叫び、泣く日もある。

泣いたあとは自己嫌悪にかられて、お決まりの落ち込みの日々……。

私だけ？

こんな、なさけない母親をやっているのは……。

ああ、そうでした。

「母親をする」のはやめたのでした。

「Ｄｏｉｎｇ　ｍｏｔｈｅｒ」はやめたの！

「Being mother」

「母であればいい」のです。

この言葉に出会ったときには、

「おっかさん。もう、いいよ。よう、やった！」

と、ぽんと軽く肩を叩いてもらったような感じ。

へなへなと座り込んでしまうくらいに、体中の力が抜けました。

「なんもせんでもええんだぁ〜。せんほうがいいんだ〜」

と、やっと気がついたわけです。

子どもは、私が想像している以上に学校で傷ついていました。

子どもは、私が想像している以上に学校でひとりぼっちでした。

子どもは、私が想像している以上に自分のことや周りの人のことを考えていました。

落ち着いてみると、いろんなことが、はっきりとわかってくるものです。

結局、お母さんのやさしい笑顔とおいしいご飯……これに尽きるわけです。

母になれた日

朝　洗濯物を抱え　娘のベッドのわきを通ってベランダへ
ふと目をやると
ほっぺたをピンクに染めて
ふとんに　ちんまり　まるまって
安心しきった表情で　娘が　すやすや眠っている

朝の声かけをやめて　数日
行く日は自分で起きてくるのだからと、起こすのをきっぱりやめた

ほんとに安心して眠っている

生まれたときの姿と重なり
ただ　ただ　いとおしくて
かわいくて　泣けてくる

この子も　一生懸命　生きているんだ………

洗濯かごを抱えたまま
泣いた
声をあげて泣いた

この子を守ってやれるのは私しかいない

初めて　私は
本当の母になれたような　そんな気がした

向き合うことと寄り添うこと

「なんで学校へ行かんの！」

と、思っている間は、子どもと正面から向き合い、毎日、朝っぱらからどんちゃんどんちゃん戦っていました。

ところが、くたびれるわりには事態は少しも好転せず、力尽きて倒れ込んでしまったというのが実感です。それでも、子どもが気になって気になって、放っておけない私。

気がつけば、子どもの横にいたのです。

前ではなく、隣り。

「向き合う」と相手は正面にいます。

当然のことながら、相手が見ている景色は自分の背中側にあるので見えません。

違う景色を眺めながら、お互い勝手なことを言うわけです。

「寄り添う」と、相手と同じ景色が見えます。
子どもに寄り添ってみると、今まで見えなかった景色が目の前に、パァっと広がって見えてきたのです。

バッタリ倒れるまでやってみて、わかったことでありました。

――ぼくちょっぴり
つかれたよ。
――うん。だったら
少し休めばいい。

世間体

夏休みも終わりを告げようとしています。

あたりまえといえばあたりまえのことですが、夏休みに入ると周りの子どもさんも皆、学校に行っていない状態になります。

そういう意味で、夏休みの間、私はとっても平和な気分でした。

やはり、無意識のうちに他人のことを気にしているのでしょう。

いわゆる世間体を気にするというやつです。

そこには肝心の子どもを思う気持ちなんてのは、かけらもありゃしません。

見栄やへんなプライド、ひがみに妬《ねた》みといった感情でいっぱいになった嫌なおばさんの自分かわいさの思いがあるだけです。


そこらへん、わかっているようでわかっていないのがつらいとこ。

正直言って九月一日の来るのが嫌です。

また、始まりますもんね。

――こっちの帽子に代えなさい。

あした言おう

「あしたは学校へ行くの？」

「今度の試験は受けるの？」

「高校は卒業したいの？」

「ねぇ、どうなの？」


不安だから母は聞きたいことが山ほどあります。

でも、どんな声かけも何度か繰り返すうちに、子どもを追い詰めていることに気がついてきます。

わかっていても、これがなかなか止められず、親子で落ち込んだり、傷付け合ったりする結果になってしまいます。


私が編み出したそんなときの必殺技……

今は言わんとこう。

一時間してから言おう。

一時間してもダメなときは、

あした言おう。

これで、単純な私は、一日たつと忘れているのです。
我ながら、素晴らしい方法だと思うのですが、どんなもんでしょうか？
とはいうものの、技はやはり技であり、精神が伴ってこそ光るのであります。
「ねぇ、あしたはお弁当いる？」
と、遠回しに何かを探っている私は、もう救いようがありません。
ごめんなさい。

見守るということ

ほったらかしにするのと、見守るということの違いが分からず苦しみました。
きっと、世間さまは、「子どもが学校に行かないのに、あそこの親は何もしないでほったらかしてる」と、思っていることでしょう。

カウンセリングに連れて行けば？
外にどんどん連れ出せば？
むりやり学校に連れて行けば？
なんできちんと進むレールをひいてあげなかったの？

たくさんの人からいろいろなことを言われます。
でも、わが子の状態を毎日よく見て知っているのは親です。

北風はビュービュー吹いて力づくで旅人のマントを脱がせようとして失敗しました。太陽はぽかぽかと暖かく照りつづけ、旅人が自らマントを脱ぐのを待ちました。

わが子が今、どちらを望んでいるのかぐらいは分かります。
はたから見ているほど不登校の子どもと付き合うのは楽ではありません。
ほったらかすとき、視界に子どもは入っていません。
でも、見守るときは、親がいつでも飛び出して行けるよう準備はしています。

「見守る」ということは、「命がけ」なのだと思っています。

なってみないとわからない

新聞に七十歳のおじいさんの投書が載っていました。

「不登校は簡単に休ませるからだ。

わしらが子どものころは少々熱があっても、母親が手を引っ張って学校に連れて行ったものだ。

不登校児の親よ、しっかりせよと言いたい」

読んでいるうちに体が震えてきて、涙が止まらなくなりました。

簡単に休ませていないよ。

なってみないとわからんよ。

生き方までコントロールされ、一つの価値観しか許されなかったのが戦争中の日本人の姿です。

「不登校」の子どもたちの気持ちを知るには、今の大人に育てられながら、今の学校に通ってみてこそと思うのです。

むきになってごめんなさい。

でも、「嫁」の姿もずいぶん変わってきました。
「嫁」の人権なんて、私が結婚したころはまだ認められない雰囲気がありました。
「私だって人間だ」と、しょっちゅう心の中で叫んでいました。

子どもたちの人権が大切にされる世の中に早くならないかなぁ。
その夢を不登校児たちに託したいのです。
よろしく。

やっぱ、むきになってるな。すっげぇ、力入ってるなぁ。

甘やかし

スギ花粉が飛ぶころ、
わが息子はますますパッとしない鼻垂れくずれキムタクになります。
やっぱり、当分彼女はできんのだろうなぁ。
と、感じさせる高校二年も終わりの春。

三学期、息子はお尻に火が付くまで学校を休み続けました。

このままだと単位不足で三年生になれないぞ、という先生からの電話でやっと腰を上げ、登校を再開しました。

もちろん、通学には母親をお抱え運転手よろしく、毎朝毎夕こき使ってくれたのですが、さすがこの母ちゃんは人間できてますから、文句も言わず送り迎えをさせていただきました。

こういうのは世に言うところの「甘やかし」ですが、こうやって育てた子がどうなるのか、それはだれにも分かりません。

子育てに方程式はありません。

その時その時のわが子の状態に応じて、ベストだと信じる方法をとるしかないように思います。

母親を必要とし、送っていってくれと言うならば、それもよし。

いいじゃないの。人に迷惑かけるわけじゃなし。

娘だって中学時代、さんざん車で送っていっていましたが、今では雨の日も雪の日も自転車で行ってますもん。

そうしてみると、「そんなに甘やかしてどうするの」といった世間さまの声は聞き流したほうが精神衛生上よろしいということになります。

くそまじめに母がこんなことを考えていたころ、くずれキムタクは春休みになったとたん、俄然《がぜん》、行動し始め、釣りにカラオケに、なんとクラブの合宿にも参加し、連日、家にはおりませんでした。

そういえば、ときどき、やさしく声をかけてくれていました。

「おかん、金《かね》」

やさしい笑顔とおいしいご飯

休み始めたころの憔悴《しょうすい》しきった娘の顔を、今でもはっきり覚えています。


「友だちがこわい」

「制服を見るのもいや」

「体育館の屋根が見えてくるとドキドキしてくる」

「だれも悪くない。ただ私の中で起こったこと」


なんにも喋《しゃべ》ってくれなかったように思うのに、今になってみると、ちゃんと親に伝えてくれていたことに気がつきます。

そうです。

かあちゃんは、ただ、ただ、あなたを守ってやればよかったのです。

抱きしめてやるだけでよかったのです。

原因探しなんていらなかったのです。

もちろん、人を恨んだり、憎んだりすることも必要なかったのです。

母として、ただ母として、母であればそれでよかったのです。

母であること＝やさしい笑顔とおいしいご飯

と、言いながら、春休みに入った娘にご飯を作ってもらい、毎日、「おいしい、おいしい」と、ただ食べている母でした。

もちろん、眉間《みけん》の皺《しわ》は健在よ。

やっぱり、私って言うだけの人なのね。

じつは

娘は春になると、何事もなかったように高校に通い始めました。

息子も無事に高校三年生になりました。

毎朝、お弁当を三つ作るのが楽しくてたまりません。

自転車が三台とも出払うのが嬉しくてたまりません。

汚れた体操服を洗って、青空の下に干すときなど「ふふっ」と笑ってしまいます。

これって、子どもが元気に行くべきところに行っているという私の価値観を満足させるに足りる状況です。


それそれ……

いくら分かったふうなことを言っていても、なんだか怪しい雰囲気です。

子どもたちは、ちゃんとそれを見抜いていて、

「母さんのは、わかったふりだから」

と、言い続けてくれていました。


そうなのです。

じつは……なのです。

高三の五月ごろから息子が再び登校しなくなったとき、灰色ははっきり黒になり、私はわかったふりの一番たちの悪い母であることをみずから証明したのでした。

恥ずかしいことに、信じられないことに……

ほんとに言いにくい………のですが、

叫んだのですねぇ。

「高校生にもなって、まだわりきれないの⁉
このままだと何も変わらんでしょう‼」

とうとう、息子は裸足のまま家を飛び出してしまいました。

……と、思っていたら、サンダルは履いていたと息子が親切に教えてくれました。

おかんは、思い込みが激しいとも言ってくれました。

あの日、探しに行った父親とすぐ帰ってきたのはどなたさんでしたっけ。

カウンセリング

しんどくてしんどくて涙ばかり出て、自分でもこれは変だと思ったので、生まれて初めて神経科に行きました。

診察室では泣きながらしゃべりっぱなしで三十分。


ロマンスグレーの物静かな先生は、こうおっしゃいました。

「あなたがどんなにがんばっても解決する問題ではないようですね。時間が必ず解決してくれますよ。しんどくなったら、また、いらっしゃい」


それから、お薬が出るのでしょうかと問う私に、

「夜、眠ることができますか？」

「ごはんが食べられますか？」

「おもしろいテレビを見て笑えますか？」

と、質問されました。

夜もグウグウ寝ているし、ごはんもお菓子も食べてるし、笑っていると答えると、

先生は、

「薬などいりません」

と、おっしゃったのでした。

安心。

以上、千六百円。

めでたし、めでたし。

息子を誘ったことがありましたが、

「かあさんに必要なら一人で行けば」

と、あっさり断られました。

会える

娘の同級生が、車に撥《は》ねられて亡くなりました。
十三歳の冬でした。

それから二年たって、お母さんとぱったり出会ったときのこと。
ちょうど、息子が学校を休みがちのころでした。

「人に迷惑かけてるわけじゃなし、いいじゃない。
それに毎日会おうと思えば会えるでしょう?
私、娘に会いたくて会いたくてたまらんのに会えんのよぉ」

いっしょに泣きました。

かけてあげることばは、みつかりませんでした。

ガラガラッ
——ただいまあ。

とうちゃんのこと

うちのとうちゃんは、私が肺炎になったとき、
「おまえは大学を出とって肺炎になるんか?」
と、言った人です。

ちなみに家は屋根があればいいという人で、
車は走ればいいという人です。

わが子が不登校になっても、泰然自若《たいぜんじじゃく》……へのかっぱ……。

子どもたちは、
「母さんと違って、父さんだけは自分たちのことを信じてくれている」
と、言いきります。

……あちゃ。

やっぱりな……。

そのとうちゃんが、胸の内をちょろりとあかした一文。

ＰＴＡのある大会に参加して書いた感想文の終わりの部分から……。


……子どもが母親に求めるものは、やさしい笑顔とおいしいご飯。

それでは、父親としての私に子どもは何を求めているのだろう。あまりに忙しすぎる社会、親、先生、子ども。

「ゆとり」の中で子どもと一緒に模索し、その笑顔を楽しみながら「生きる力」をお互いに持てたらと思います。

今日一日、私自身と向き合える時間を与えていただいたことに感謝いたします。


へ〜え、とうちゃんも考えてんだ。

子どものことや、父親としての自分のこと……。

学校

四月は、梅雨かしらというほど降りました。
五月は夏本番の如く暑くなり、
六月は台風発生が不気味に一つもなく、梅雨も梅雨らしくなく、
今、七月はなんと………涼しい。

地球は、どうなっちゃうんだろう。


「地球に人間は、いらん。人間は地球に悪いことばかりしている」と、うちの末っ娘《こ》は言います。

地球のことを憂《うれ》えている子に対して、学校の先生たちは、

「実力テストは、三百点以上採らんといけん」

とか、

「髪をくくるゴムの色は、黒か茶か紺でなきゃダメだ」

とか、ありがたいことを言ってくださるわけです。

そういうことを考えていると、なんだか「学校」ってたいしたことないなと思うのですが、また、別の観点から「学校」にとらわれはじめると、学校に行けないことがほんとにしんどいことに感じられてくるわけです。

雨

すえっこ

私は一年三組。
そしてここは教室の中。
右から三列目、左から四列目の一番後ろのあの人は、
いつも傘をさして過ごしている。
先生も普通の授業をしているし、
クラスの人も何も言わない。
私にしか見えてないのかな？

ある日ね、私はその子に聞いてみたの。
「何で傘、持ってるの？」って。
そしたらその子が、
「だって、この中、雨すごいんだもん」
って言ったの。今日もこんなに晴れているのにさっ。
この時は、わけわかんなかったよ。
でもそれから一週間後、

朝、教室の中に入ったら、すっごい大雨。
みんな濡れてるのに、ぜんぜん気づいてないの。
もちろん、その日は、外は晴れてたし、
私も傘なんて持って来てなかったから、
びしょびしょに濡れちゃったの。
ちょっとかぜひいちゃった。
だから次の日からはちゃんと、
お気に入りの水玉の傘、
持っていったよ。

ぽわ〜ん

「『努力』とか『協力』とか、『力』って字がいっぱいで、あまり好きじゃない」

三者懇談の成績の話の途中で、すえっ娘《こ》が先生に言った言葉です。

女先生のお返しは、

「じゃあ、『男』はどうすんの？」

でした。まっ、「男」という字の「力」は一個だし……。


娘が言うように、世の中、「力」ずくでやってることが多いのかもしれません。

もっと、いらん「力」を抜いて気楽に生きていったらいいのかもしれません。

「力」を抜いちゃうと、「努力」は「奴」になるし、「協力」は「十」だし、「男」は「田」だぜい。


不登校のわが子と付き合うのにも「力」を入れていましたが、まっ、年をとるにしたがって、「力」を出そうにも出せなくなるのだよね。

この、年と共に「力」が抜けていく感じが、最近の私はけっこう気にいってて、ぽわ〜んとした気分を楽しんでいます。

先生

「学校の研究会と、地域のお祭りと仕切ってみてどっちがたいへん？」
元校長の父に尋ねてみたことがあります。

「う～ん。祭りやなぁ。
これは、酒と警察が入るけんな。
研究会は時間通り進むけど、祭りはそうはいかん」

含蓄《がんちく》のある言葉ですなぁ。

気が楽になったことば

「行きたくないなら、行かんでええが」

……うちに出入りする腕一本で食っている自営業のおじさまたちは、誰に相談してもこの一言だった。なんだぁ、そんなもんかぁ。

「居場所を作ってあげてください。トイレに閉じこもって出てこなくなりますよ」

……息子の高校の先生。「学校に居場所がないのに、家で居心地悪くしてどうするんですか、お母さん」

まさにそのとおり。

「その子の生きるペースだから」

……初めて相談した親の会のお母さん。

そうかぁ。あの子のペースなのかぁ。

深く納得。

「いっしょに見守りましょう」

……娘の高校の先生。「学校で何か変わったようすがあればお知らせします。家でのようすも遠慮なく電話をどうぞ。おかあさん、いっしょに見守りましょう」

泣けた。

「だいじょうぶよ」

……これは、実家の両親もよく言ってくれた。

なにが、どう大丈夫なのか、無責任に言うなよと思っていたけど、過ぎてみれば、ほんとにすべてが大丈夫だった。

なんてことないのだ。

苦しめて、ごめんね

息子の高校三年の二学期の始まりの日。
今日からは行くのかなと、やっぱり相も変わらず心配する私。
それも、胃が痛くなるほど……緊張……いやだな。

まず、七時に最初の声かけ。
どんな声で返事が戻ってくるか……。
長い間の経験で、登校する日の声と、そうでない日の声が判別できる能力あり。
今朝は比較的しっかりした
「うん」
十五分たって、二回目の声かけ。
ドアの向こうでベッドの軋《きし》む音がして、起きた気配あり。
ああ、行くんだ。

青い顔でうつむき加減に朝ご飯。
とろとろと支度を始め、制服を着て車の助手席に座るころには、もう十分くたびれ果てた表情になっているのがわかります。

その日、校舎へと向かう息子の後ろ姿をしばらく車の中から眺めていました。
ふいに、湧き出た思い……
「あの子、命を削りながら学校に行ってる」
息子の背中はそれほどのせつなさと、ぎりぎりの何かを訴えていました。
いったい何がうれしくて私はこんなことを命がけでやっているのだろう。
息子の命とひきかえに私がほしいものって何なのだろう。
もういいよ……。
よくがんばったね。
今まで苦しめてごめんね。

熱い涙がとまらなくて、車の運転ができなかった………。

いのち

娘のいのちを感じさせてくれたのは「寝顔」でした。
息子は「背中」でした。
少し猫背です。

いきいき

おなじ生きていくのなら、楽しくやろう。

子どもの人生は子どものもの。

もちろん私の人生は私のもの。


私は何が好きなんだろう。

何をやりたいんだろう。


明けても暮れても、子どもが学校に行かないことで悩み、くら〜い顔で過ごしていましたが、やがてそれにも飽きてきて、

「まてよ。なんか、おかしい。

生きてて死んでるんちがうか?」

と、思い始めたのです。

親がいきいきと人生を楽しんでいたほうが、きっと子どもたちも元気になるはず!


決めたら即。

けっこう、単純だからね。


小さな塾を開きました。

きょうも、勉強道具を抱えた近所の子どもたちが、

「おばちゃん。来たぞ。きょうのおやつは何？」

と、広くも美しくもないうちの六畳間にやって来ます。

とうちゃんとその仲間で作ったバンドにも参加。
その名も『OZISAN　OBASAN　BAND』
神出鬼没集団。
小学校の学芸祭や町の文化祭……結婚式にも。

夢を追いかけてみよう。

何かが始まる。

子どものことば

♣お母さんは口では休んでいいと言ってるけど、やっぱり許してない。

♠ある朝は「今日も行かないの！」と言って怒る。ところが次の日には、「行きたくなかったら行かなくていいからゆっくり休みなさい」とやさしい声で言う。お母さんのこと、信じられなくなった。何を信じていいか分からなくなった。ひとりぼっちだった。
「だいじょうぶよ」と言ってほしかった。

♣お母さんて、ほ～んとにわが子のことをよう信じん人じゃなぁ。

♠そんなに学校、学校って言うなら、いっぺん代わりにお母さんが自分で行ってみたら！

♣学校ってそんなに思うほどたいした所じゃないよ。
きょう、掃除の時間、ごみを捨てに外に出たとき、振り向いて校舎を眺めながら、つくづく思った。たいした所じゃないなって。

♠学校に行かれなくなって、自分でもびっくりした。
でも、その時間があったから、今は学校が楽しいと思える。

♣うちは、学校を休んじゃいけん家なの？！！

♠「学校に行かない○○くん」じゃなくて、ひとりの子ども
として接してほしいなあ。

健康・お金・学校

友だちから電話がありました。

ご主人が転勤になり、毎日往復四時間かけて通勤しなければならなくなったとのことでした。

定期代が会社負担だというので、私は、

「ええやんか。お金の心配がないのなら、だんなさまの健康のことだけ考えてあげたらいいよ」

と、言ったのです。

そう言ったのよと、娘たちに話したら、

「そうよね。

かあちゃんは一に健康、二にお金、三に学校だからねぇ」

一瞬、ショックで頭の中が真っ白になり、

そのあと、すぐに
おかしくてたまらなくなりました。

わたしって
学校にこだわってんだよな。
こんなにも。

悩みたけりゃ悩めばいいと思う

息子は

自転車泥棒をする友だちを許せなくて諫《いさ》めました。

すると、

「まじめすぎる」

と、けむたがられました。

軽いのりでキスし合う友だちを非難したときには、「かたい」……と、言われ

夢や人生を語ると、

「くさい」

と、言われました。

高校に入り、中学校からの親友がどんどん周りに合わせて上手に仲間を作っていくのについていけず、とうとう孤立し、学校に居場所を見つけることができなくなってしまいました。（母にはそう写った。）

自分の正義感と全く折り合いがつかなくなったように見えました。とても疲れて

帰るようになり、日に日に元気がなくなっていきました。お弁当は手をつけないまま持って帰ってくる日が多くなりました。

私としては、適当にうまく合わせながらやっていけばどうにかなるのになぁと、はがゆい思いでいましたが、中学校のときのように無理やり背中を押すことだけはよそうと、最初から決心していました。

今度こそ、自分の力で元気を出す方法を捜し出してほしい。

考えたいのなら、悩みたいのなら、いやになるまで飽きるまで、やってみるのもいいかもしれない。

どう生きるかを考えるのは、豊かな時代に育った人間たちに課せられた一つの命題のようにも思うのです。

雨

こうすけ

昼休み
空を流れる雲を見る
少しずつ　少しずつ　形を変え
少しずつ　少しずつ　流れていく

隙間からこぼれる陽の光に
目を細める
違う雲が　また　陽を遮《さえぎ》る

チャイムが鳴り
ざわつく教室の中へ
同じ色の服を着て
同じ顔で受ける授業
教師は面倒くさそうに　授業を始める
寝るモノ　おしゃべりするモノ

それでも授業は続く
チャイムが鳴り　途中で終わる授業
空を見上げる
太陽は　もう　どこにも無く
どす黒い雲が空を覆《おお》う
いくつかの雲が　一つのかたまりになる
まるで　僕らだ
いつしか空は　悲しみか哀れみか　涙を流す

生きる

こうすけ

僕は生きている
死んでいる

いつも同じ日々を生き
いつも同じ日々を死んでいる

やりたいことが無くて
適当に流行っているクラブに入って
適当に楽な授業を受け
適当に楽しい友達と笑い
適当な自分を作っている

一日が長い
一日が短い

意味のない毎日
「こんなはずじゃなかった」
そればかり繰り返す

はっきり言おう
やる気なんてないのさ
本気になれる事なんてない
僕は　毎日を生き　今を死んでいる

題「助けて」

ぼくは家が遠いので、六時ごろにしか帰れません。帰ってすぐ宿題をしても、晩ごはんと風呂しか休む時間がなく、いつも、十時ごろまでかかります。金管バンドの早朝練習があるので、毎朝早く起きないと遅れるので、寝不足でとてもしんどいです。十時ごろまで宿題をやっていると、

「もう、やめ」

と、心配そうにお母さんが言ってくれるけど、

「がんばる」

と、いつもがんばっています。

きょうは、水泳とクラブがあったので、家に帰ったとたん眠くなって、知らない間に眠ってしまいました。お母さんが、

「ごはんよ」

と、起こしてくれるまで、ぐっすり眠っていました。

ぼくは、このごろ、少し疲れて元気がありません。

九年前、息子が五年生のときに書いた日記です。毎日の日記も宿題でした。

この日の題は……「助けて」………。

今、これを読むと泣けてきます。

「お母さん」という言葉が二回も出てきます。

「かあちゃん、助けて」という息子の声が聞こえるようです。

あのころの私は「がんばる息子」が好きでした。

でも、今の私は、自分のペースでゆっくりと生きている息子が好きです。

子どもは、いろんな体験を通して自分にあった生きるペースを見つけていくのだと、やっと気がつきました。

それは、あくまでもかあちゃんのペースではなく、子ども自身のペースなのですよね。

と、自分に言い聞かせる……きょうこのごろ。

失恋がくれたもの

こうすけ

ぼくは　失恋した
すべてを失った気持ちだった
自分の全てを否定されたような………
でも　それは違うと気づいた
それは　友だちや　親の言葉は　もちろんだったけど
何より　親の仕事関係で知り合った人たちによるところが大きい
今までも話していて　やさしかったり楽しかったりはあったけど
どこかやはり　年代の壁を感じずにはいられなかった

でも　今回　僕が落ち込んでいると　その人たちは
今までとは　全く違う優しさを見せてくれた
それまでの　「楽しくて優しい年上の人」　ではなく
僕にとって「良き理解者」　となってくれた
もし僕がこの失恋を経験しなければ
その人たちの本当の優しさを見ることが

ずっと先になったかもしれないし
見られなかったかもしれない

そのコからも　今は気付かないけど
多分たくさんのものを与えてもらっていると思う
その大人の人たちで　それは分かった
もう失恋はしたくないけれど
自分を否定するのは　やめようと思う
そのコや　親や　友だちや　その人たちから
たくさんのことを教えてもらった自分を
少しだけ好きになれそうになってる
これからもし人に
「自分のこと、好き?」と聞かれたら
「もちろん!　当たり前じゃん!!」
と言える自分を作っていきたい

これにて一件落着

「不登校」という難解な方程式を解こうと思って、なんと長い時間、ぐじゃらぐじゃらとあがき続けてきたのでありましょう。

たし算をしてみたり、ひき算をしてみたり、いやいや、ここはかけ算だ、わり算だ、分数も小数も勉強しよう……、あっ、あの偉い先生に聞いてみよう、本も読んでみよう……といったぐあいに……。


そうやって、身も心もぼろぼろになりながら答えを求めてきたはずだったのに、最近になって、

「あれっ。ひょっとして、これって、式も答えも関係ねえんじゃねえか」

と、思い始めたのです。


だって、母が式とか答えとか、あほなこと言っている間に、子どもは勝手に育ってたんだもん。

自分でさっさと学校を探してきて、

「ぼくには、これしかない」宣言。

愕然《がくぜん》としました。

私、今まで何やってたんだろう。

「へそで茶をわかす」という言葉を体感しましたなぁ。

風景

息子は高校を卒業しないまま（それでも入れる専門学校みたいなところはちゃんと存在しておりまして）、めでたく大阪に飛び立って行きました。

忘れもしません。

卒業できないという知らせがあった翌朝のことです。

なんと！

おひさまはいつものとおり東の空から昇っておりました。

家の前の道路はきのうと同じようにやっぱりそのままのびていて、脇の電信柱もちゃんとまっすぐ立っていて、

「息子が卒業できなかったのに、世の風景は何も変わったところないじゃん」

と、思いました。

そう思ったら、真実に触れたような不思議な気持ちになりまして、ほんと、何と申し上げればよいのか、体じゅうのよぶんな力がぬけて、とっても「いいかんじ」を味わったのです。

なんだか、この気分を味わうために昨日まで苦しんできたのかと思いました。

ああ、なんだか、お産といっしょだね。
涙が出てくるね。

勉強

授業に出なくても、中間テストや期末テストを受けなくても
遠足や修学旅行や野外活動に参加しなくても
高校の卒業証書をもらわなくても
そんなこと
なんでもないように
毎朝、太陽は昇ります。（ほんとです。）

息子は中学二年のいつごろだったか
定期テストの勉強に集中したことが一度だけありました。
結果は満足のいくものでしたが、本人曰く、
「なぁんだ。ただ覚えればいい点が採れるんだ」

学歴はあんまり意味のない「こだわり」です。
私の場合はそうでした。

とうちゃんの仕事関係で国際電話が入ります。
ときどき、私が受話器を取ってしまう……。
大学ではフランス語だって習ったわん。

「ヒィ　コンコン　ダウン。トゥモロォ、プリ〜ズ」
彼は風邪で休んでいるから、明日かけてくださいと言いたいのでありました。

おそまつさま。

任せる

毎日、じめじめ。

日本の梅雨。

気分が滅入るのはそのせいだけなのでしょうか。

娘がどっぷり一週間お休みあそばされたとき、五日目にして我慢できなくなったものですから、

「また、始まるの？　もう、母さんは心配でたまらん。単位は足りるの？」

懲《こ》りもせずヒステリックに問いかけたのです。

その晩、息子から電話がかかってきて、

「ええかげんにせぇよ」

と、叱られたのでした。もちろん私がです。

こういうときは兄妹の連携はひじょうによろしく、かあちゃんがまた騒ぐと、妹が言いつけたらしいのです。

「すまんかった。にいちゃんにもおこられた。でも心配なんやもん」

と、娘に言いましたら、

「もう、私に任《まか》せてくれたんじゃなかったん?」

の一言が返ってきました。視線は冷たく……。

あきれているといった表情が見てとれました。

いいかげん、わが子を信じたらということでしょう。

学校への「行き方」も、これからの「生き方」も、子どもたち自身にすべてお任せするのがよろしいようであります。

かあちゃんも静かな応援に徹しようっと。

……思うんだけどね。

なんか、きっちり型にはめて安心したい自分がまだいる……。

おかば

十年ほど前の一枚の写真。

娘二人と私が写っています。

ピアノ発表会の舞台で花をバックに連弾するドレス姿の三人。

どこぞの奥様とお嬢様に見えなくもありません。

………写真に音は写らない。

曲名『ずいずいずっころばし』………


わたしが「ママ」をやってたころです。

がんばっていました。あのころは………。

きちんとした子に育てようと躍起になっていました。

いつのころからか、子どもたちは私のことを「ママ」とよばなくなり、「おかあさん」と言うようになりました。

あっ、「おかば」と言われていた時期もありました。
「お・か・あ・さ・ん・の・ば・か」の略です。
もちろん、アイをこめて。

いまは、「おかん」「かあちゃん」「かあさん」……と、みんなの気分のおもむくままに声をかけていただいております。

化けの皮はいつか剥《は》がれる。

好きの程度

「おかんの『子どもが好き』っていう、好きのうち七割はそう感じるけど、あとの三割は自己愛と世間体じゃね。おやじは百パーセントまるごとおれらのこと好きじゃな」

とは、息子の弁。

それを聞いていた末娘は、

「えっ？　かあちゃんのは五割がええとこじゃろう」

と、真顔で。

そうかもねと思う自分が、なさけない。

それにしても、おやじはいつもいい点取るなあ。

子どもたちが赤ちゃんのころ、鼻水を口で吸ってやっていただけのことはある……

……。

私は薬局で買ってきた専用のスポイドでチュパって吸いとってやってたわさ。

そのときから、差はついてたわな。

ちなみに彼の子育てのコンセプトは「夢」であります。
子どもたちに「夢」をもたせるのがおとなのつとめだと、いつも言っております。
視野がでかいんですな。

笑う

こうすけ

生きている中で
たくさんある難しいこと
それは　人によって　違う
勉強・スポーツ・恋・友人関係………
それらの難しさは
年をおうごとに感じるだろう

だけど　そんなものよりも
もっと単純で　もっと基本的なことだけど
一番難しいことがある

それは　いつも笑うこと
何があっても　先を信じて
笑えるということ

人間だから　泣いたり　怒ったり
それも必要だと思う
でも　それらを　はねのける強さ
いつも笑っていること

何も考えないこととは違う
深く重く考え
答えを見つけること
答えが出なくても　明日を見つめること

僕は　生きている中で
笑うということが
最も単純で　最も基本的で
最も難しいことだと思う

多数決

長男は高校三年になって、かなりの欠席を続けていましたので、本人も親も卒業は無理だな、と覚悟を決めていました。

ところが、冬休みの前に担任の先生から、

「学年会議で、一月いっぱいやらせてみて、一カ月休まず登校したら、二月、三月の補習の時間割を組んでやろう、ということになった。がんばってみるか？」

そういう内容のお話があったのです。

長男は高校卒業を一つのライセンスとしてとらえようと決心したようです。学校までの坂道で、校舎が見えてくると吐いていた子です。

よほどの覚悟で一時間目から六時間目までの授業を続けて受けたことと思います。

一月を一日も休まずクリアしました。

続けて二月のマラソンの補習も受けていいということになり、一日も休まず走り抜きました。

大雪の降ったあの日もです。

ひとりで走った日もあったようです。

「なにがあったか知らないけれど、おまえが卒業しようと思っている限り、僕はとことんつきあってやるから」

校門でマラソンのゴールを待っていてくださる先生はそういう言葉をかけてくださったそうです。息子は一カ月と一週間、一日も休まず必死の登校を続けました。

にもかかわらず、二月八日の卒業判定会議で、留年が決定されました。

それも、多数決で……。

三年学年会議での「一月の評価と補習」の話は、どこかに消えてしまいました。

どうしても納得がいかなくて学校側と話し合いを続けるうちに、うまく話がすり替えられていくのを感じました。

教頭先生を交えた話し合いの場では、

「三年の学年会議での話を、担任一人が都合よくうれしがって前向きに勘違いしたのでしょう。そういう話があった時点で、親ごさんは学校に確認すべきだったでしょうね」

と、言われました。なにをだれに確認するんだろう。

そのころ、校長先生は卒業式に向けての「君が代・日の丸」問題で連日連夜、会議でお忙しく、連絡さえとりにくい状況でした。ちなみに、広島ではこの年、一人の校長先生がその問題で自ら命を絶たれました。


「内規がそんなに大切なのなら、出席日数が足りないと分かっていた最初から、補習うんぬんの話はしないでくれ。子どもの気持ちをどう考えとるんか！　おちょくっとるんか！　こんな傷つけかた、人間のすることじゃないぞ！」

夫はあまりの怒りに吐いたほどです。

たくさんの人に相談し、学校側にはたらきかけようと準備をすすめていたところ、もういいからやめてくれと言ったのは息子でした。

「学校なんて、こんなもんよ。まっ、行かんかったんはオレやし、責任はとる。こんな思いさせてしまって、ごめん」

と、淡々と受け止めていました。

それにしても、補習を受けるにあたっては相当の覚悟をもって心の準備をしていたらしく、それが必要なくなったとわかってから数日は、さすがにホケッとしてました。

一月、学校に行っている間のこと、

「もう、ここまできたら先生方のごきげんとりをしなきゃ。うまく立ち回るのも世の術《すべ》よ」

と、教えてくださった先生もいらっしゃったとか。

「おれ、おべっか使えんもん」

と、言う息子の顔を眺めながら思いました。

自分が自分のままでいられない場所で、この子は息ができなかったのかもしれない。

潮《しお》に住む魚もいれば、真水に住む魚もいる。

海に住めなきゃ、川も池もある。

せんべいをかじりながら、そんなことを考えた四十四歳、春の日の午後でした。

ジャンジャン

えっ？　わが子が不登校？

そんなはずはない。

だって、ついこの間まで『こうすればやる気のある子が育つ！』という本が書けるぜ、と思ってたくらい子育てに関しては自信持ってたのがこの私。

子どもたちはそれなりに絵が上手だったり、走るのが速かったり、作文が得意だったりして、私はそれがうれしくて確かに親ばかちゃんりんをやっておりました。

「遠山の金さん」や「桃太郎侍」ファンの息子を私は好きでした。

友だちの家でもらった一つのお菓子を、お母さんにと、半分持って帰ってくれる娘も好きでした。学校帰りに道ばたのたんぽぽを摘んで、「お母さん、おみやげよ」と渡してくれる娘も大好きでした。正義感の強い、感受性豊かな子どもたちに育ったもんだと安心していました。

幼い頃は病弱でおとなしかった長男が、小学校高学年あたりでは、体育祭の応援団長をつとめたり児童会役員で活躍したり、卒業式で答辞を読んだりしたものですから、もういけません。わが子はこれからもバリバリいくもんだ……と、思いこんでいたのでしょうね、きっと。

教師の家に生まれ、私自身も小学校の先生だったというところからして、もう、バリバリであります。

わが子が学校に行けなくなったとき、バリバリの私はみごとにパニックに陥りました。

にもかかわらず子どもたちは、私の泣き叫ぶ姿にめげることなく、しっかりと登校を拒否し続けてくれました。

今にして思えば、この思い込みの激しい母の価値観に振り回されることなく、自分たちで悩みながら思春期を過ごしたわが子たちにパチパチと拍手を贈りたい気分です。

今年、長男は二十歳、娘たちは十八歳と十七歳になります。

長男は高校を卒業しないままアニメーションスクールに通っています。娘二人は高校生です。

いつのまにか私の出る幕はなくなりました。

最近、娘といっしょによく台所に立ちます。ごぼうのささがきがどうの、玉葱のみじんぎりがどうのこうのと、ふたりでギャアギャア言いながらご飯を作っています。

笑顔でしゃべりまくる娘の横顔を眺めていると、いっしょに死のうと泣き叫びながら過ごした日々は、いったい何だったのだろうと、不思議に思うことがあります。嵐のようなあの日々をふりかえるたびに心はぎゅうと痛むものの、「なんてことなかったのかもしれない」と思ったりもします。

「それって、かあちゃん、さめたんじゃないか」

と、末の娘は言います。

「熱が冷めた」のと、「目が覚めた」のと両方だそうです。

学校に行かないというだけでカッカと怒りまくり、一つの価値観だけで子どもを育てようとしてきたことが、どんなにつまらないことだったのか、残念なことにやってみないとわからなかったわけです。

「かあちゃん。人間のあり方や生き方は、いろいろあっていいんじゃないか」

子どもたちは身をもって、そういうことを私に教えてくれたように思います。

思えば、幼いころ、私は地に這《は》う蟻を見てこわいと泣き、空を飛ぶ飛行機を見てこわいと逃げる、そんな子でした。強くて我慢する子がよい子だと思っていましたから、こわくてもこわくないのだと必死で我慢しながら、すべてにおいてよい子でありたいと、本当の自分を騙《だま》しながらがんばってきました。

それは、おとなになっても少しも変わることなく、いつもいつも周りに合わせて自分を取り繕《つくろ》っていたのです。

でも、わが子たちとつきあっていると、こわいものはこわいと言っていいんじゃないかと思い始めたのです。こわいのを無理やりがまんして自分自身がなくなっていくよりも、こわいのとどう向き合って歩いていくのかを考えたほうがいいような気がしてきたのです。

「学校がこわい」

と、子どもが訴えたとき、

「こわいねぇ」

と、受け止めてやればよかった……。

娘がまだ幼いころ、指に少しけがをして、べそをかきながら私のところへやってきたことがあります。安心させようと思って、

「ああ、そのくらい、なんでもないよ。すぐ治るからね」

ちらりと見ただけで、後はお茶碗を洗い続けながら言ったのですが、娘は、

「おかあさんにそう言ってほしくて見せにきたんじゃない」

と言うのです。

「じゃあ、どう言うてほしかったん？」

と、たずねると、

「痛かったねって、言うてほしかった」

口をとがらせたあの顔を忘れてなかったはずなのになぁ。


ああ、まあるい母ちゃんになりたい……。

「やさしい笑顔とおいしいご飯」

やっぱり、これに尽きますなぁ。

ジャンジャン。

……と、そこで、とうちゃんが私に言ってくれる。
「自己満足だ。『つづく』いうて書いとけ」

TO be continued.

おわりに

高文研のみなさん、本にしてくださってありがとう。
支え励ましてくださったおおぜいのみなさん、ありがとう。
愛媛の両親と妹たち、信じてくれてありがとう。
三人の子どもたち、かあちゃんの子でいてくれてありがとう。
とうちゃん、私の夢を応援してくれてほんとにほんとにありがとう。

書き続けた私に、ありがとう。

廣中　タエ（ひろなか・たえ）

1955年、愛媛県三瓶町生まれ。武庫川女子大学国文学科卒業。愛媛県城辺小学校勤務の後、結婚。

一男二女の母。

現在、広島で自営の刺しゅう工房を手伝いながら、近所の子どもたちの勉強をみている……おばちゃん。

まさか！　わが子が不登校
◎母と息子の泣き笑い詞画集

●二〇〇〇年　九　月一〇日――――第一刷発行
●二〇〇一年　五　月　一　日――――第三刷発行

著　者／廣中タエ

発行所／株式会社　高文研
東京都千代田区猿楽町二－一－八
三恵ビル（〒一〇一＝〇〇六四）
電話　03＝3295＝3415
振替　00160＝6＝18956
http://www.koubunken.co.jp

組版／高文研電算室

印刷・製本／光陽印刷株式会社

★万一、乱丁・落丁があったときは、送料当方負担でお取りかえいたします。

ISBN4-87498-244-1　C0037